PROGRAMMES DES EXAMENS

IMPOSÉS AUX CANDIDATS

PROPOSÉS POUR L'EMPLOI DE

SOUS-LIEUTENANT

9ᵉ ÉDITION

PARIS

Henri CHARLES-LAVAUZELLE

Éditeur militaire

10, Rue Danton, Boulevard Saint-Germain, 118

(MÊME MAISON A LIMOGES)

1903

PROGRAMMES DES EXAMENS

IMPOSÉS AUX CANDIDATS

PROPOSÉS POUR L'EMPLOI DE

SOUS-LIEUTENANT

PROGRAMMES DES EXAMENS

IMPOSÉS AUX CANDIDATS

PROPOSÉS POUR L'EMPLOI DE

SOUS-LIEUTENANT

9ᵉ ÉDITION

PARIS

Henri CHARLES-LAVAUZELLE

Éditeur militaire

10, Rue Danton, Boulevard Saint-Germain, 118

(MÊME MAISON A LIMOGES)

1903

SOMMAIRE.

Index des ouvrages à consulter pour la préparation des examens........ 5

Loi du 26 juin 1888, relative au recrutement des sous-lieutenants de réserve de l'armée active, de l'armée territoriale et de sa réserve....... 13

Rapport suivi d'un décret sur l'avancement des officiers de réserve et de l'armée territoriale... 15

Extrait du règlement du 16 juin 1897, sur le recrutement, la répartition, l'instruction, l'administration et l'inspection des officiers de réserve et des officiers de l'armée territoriale......................... 19

Programme des connaissances exigées des candidats au grade de sous-lieutenant dans la réserve et l'armée territoriale.................... 29

OUVRAGES A CONSULTER

POUR LA PRÉPARATION DES EXAMENS IMPOSÉS POUR L'EMPLOI DE

Sous-Lieutenant de Réserve et de l'Armée Territoriale

Tous ces ouvrages sont en vente à la Librairie militaire
*Henri CHARLES-LAVAUZELLE, 10, rue Danton. 118, boulevard S*ᴸ-*Germain,*
PARIS.

OUVRAGES SPÉCIAUX.

Officiers de réserve et officiers de l'armée territoriale et assimilés. Recrutement, répartition, administration, inspection, avacement, état des officiers, dispositions générales et dispositions spéciales à chaque arme ou service, avec annexe (officiers de réserve des troupes de la marine) et modèles. (Edition à jour des textes en vigueur jusqu'en août 1902.) — Volume in-8º de 312 pages, cartonné.............. 2 50

Aide-mémoire de l'officier de réserve et de l'armée territoriale (4ᵉ édition.) — Vol. in-18 de 296 pages, relié pleine toile gaufrée........ 3 50

Vade-Mecum administratif de MM. les capitaines-commandants et des sous-officiers comptables des corps de la guerre (14ᵉ édition) — Vol. in-8º de 384 pages 2 50
L'achat de cet ouvrage par les corps de troupe a été autorisé par décision du 1ᵉʳ août 1902 de M. le Ministre de la guerre.

Guide du chef de détachement, par E. Bigeard, capitaine au 7ᵉ dragons. — Volume in-8º de 136 pages, avec tableaux et modèles.... 2 »

MINISTÈRE DE LA GUERRE. — *Instruction du 28 décembre 1895 sur l'administration des hommes des différentes catégories de réserve dans leurs foyers. — Troupe.* — Vol. in-8º de 338 pages, avec tableaux et modèles, broché 2 50 ; relié pleine toile gaufrée............ 3 50

Instruction ministérielle du 18 mars 1896, concernant *certaines dispositions spéciales aux militaires de réserve et de l'armée territoriale,* suivie des modèles. — Brochure in-8º de 40 pages................ » 50

Code-Manuel des réservistes et territoriaux, complété par le *Guide du patrouilleur en pays allemand* et le *Petit interprète du soldat français en pays allemand* (17ᵉ édition). — Broch. in-32 de 108 pag. » 30

Ecoles d'instruction, par le général Ch. Philebert. — Br. in-8º..... » 75

Programme des examens imposés aux candidats proposés pour l'emploi de *sous-lieutenant de la réserve* de l'armée active ou de l'armée territoriale (9ᵉ édition). — Brochure in-8º de 30 pages............ » 50

Décrets, règlements et circulaires sur l'organisation des *interprètes militaires,* armée active et réserve. Programmes des examens (5ᵉ édition, mise à jour). — Brochure in-8º de 68 pages............................ 1 »

Instruction du 3 mars 1902 pour l'application aux *personnels des cadres auxiliaires du service de l'intendance* du règlement du 16 juin 1897 sur le *recrutement, la répartition, l'instruction et l'administration des officiers de réserve et de l'armée territoriale.* — Brochure in-8° de 40 pages. . ... » 50

Instruction du 29 avril 1892 sur l'organisation et le fonctionnement des *sociétés de tir et de gymnastique* (4e édition). — Br. in-8°...... » 50

Loi sur l'administration de l'armée promulguée le 16 mars 1882. Texte modifié en vertu des dispositions de la loi du 1er juillet 1889 (autonomie complète du service de santé, 3e édition). — Brochure in-8° de 28 pages .... » 50

Loi du 15 juillet 1889, sur le recrutement de l'armée, modifiée par les lois des 6 novembre 1890, 2 février 1891, 11, 19 juillet, 11 novembre, 26 décembre 1892, 30 juillet, 14 août 1893, 13 juillet 1894, 13 juillet 1895, 13 mars 1896, 24 mars et 1er mai 1897, 26 mars, 13 et 20 avril 1898, 5 avril et 7 décembre 1900, 23 février et 2 avril 1901, 11 mars et 7 avril 1902. (14e édition, annotée et mise à jour). — Brochure in-8°.... » 50

Loi du 18 mars 1889, relative aux rengagements des sous-officiers, modifiée par les lois des 6 janvier 1892, 25 juillet 1893, 13 juillet 1894 et 6 février 1897 (9e édition). — Volume in-8° de 92 pages........... 1 »

Réquisitions (édition mise à jour des textes en vigueur jusqu'en octobre 1902). — Volume in-8° de 198 pages, broché, *franco*...... 1 50

Notes sur l'éducation d'une compagnie territoriale, par F. Bellanger. — Brochure in-18 de 24 pages.. » 50

Cours de topographie élémentaire à l'usage des élèves de Saint-Maixent, des candidats à cette école, à celles de Saumur et de Saint-Cyr, par Emile Espérandieu, O. I. ✠, capitaine au 61e régiment d'infanterie, professeur de topographie et de géographie à l'École militaire d'infanterie, correspondant du ministère de l'Instruction publique (2e édition). — Volume in-18 de 368 pages, avec 289 figures, tableaux et cartes . . .. 5 »
Ouvrage récompensé d'une médaille de 1re classe par la Société de topographie de France.

Topographie. — Cours préparatoire du ministère de la guerre, avec figures dans le texte, tableaux et cartes. — Vol. in-18 de 182 pages, cartonné . . .. 2 »

Fortification de campagne. — Cours préparatoire du ministère de la guerre avec figures dans le texte. — Vol. in-18 de 191 pages. 2 »

Notions sommaires sur l'étude et la lecture des cartes topographiques, par le commandant A. H., avec nombreuses planches et figures (2e édition). — Brochure in-18 de 48 pages .... » 75

Guide pratique pour la lecture et le mode d'emploi de la carte d'état-major, par le capitaine Espérandieu, O. I. ✠, du 61e régiment d'infanterie, professeur de topographie à l'Ecole militaire d'infanterie. — Volume in-18 de 68 pages, avec 6 planches hors texte et 58 fig. » 75

RÈGLEMENTS ET THÉORIES.

Toutes armes.

Décret du 4 octobre 1891 portant règlement sur le *service dans les places de guerre et les villes ouvertes.* (16e édition, annotée et mise à jour, avril 1903.) — Volume in-32 de 322 pages, cartonné 1 »; relié pleine toile 1 25

Décret du 28 mai 1895 portant règlement sur le service des armées en campagne (12e édition). — Volume in-32 de 204 pages, cartonné.   1   »
Relié pleine toile gaufrée..   1 25

Instruction sommaire sur le revolver modèle 1892, approuvée par le Ministre de la guerre le 8 février 1893 (5e édition, revue et augmentée).
— Brochure in-32 de 16 pages..................................   » 20

Aide-mémoire de l'officier d'administration des subsisitances militaires et de l'officier d'approvisionnement en campagne. — Volume in-18 d'environ 500 pages, avec tarifs, modèles et croquis, couverture toile anglaise souple   5   »

Infanterie et Génie.

Décret du 20 octobre 1892, modifié par le décret du 10 février 1896, portant règlement sur le *service intérieur des troupes d'infanterie,* avec tableaux et modèles (13e édition annotée et mise à jour), suivie d'un appendice contenant les notes et l'instruction des 30 mars et 29 juin 1895 relatives à l'hygiène des troupes). — Volume in-32 de 568 pages, cartonné   1 fr. 50; relié pleine tcile gaufrée................   1 75

Extrait du décret du 20 octobre 1892 portant règlement sur le *service intérieur des troupes d'infanterie,* à l'usage des sous-officiers et caporaux (5e édition). — Volume in-32 de 230 pages, cartonné.   » 60
Relié pleine toile gaufrée....................................   » 85

Extrait par demandes et par réponses du décret du 4 octobre 1891, portant règlement sur le *service dans les places de guerre et des villes de garnison,* à l'usage des sous-officiers, caporaux et soldats d'infanterie (8e édition). — Volume in-22 de 108 pages, cartonné....   » 40

Instruction pratique sur le service de l'infanterie en campagne, approuvée par le Ministre de la guerre le 5 septembre 1902. — Volume in-32 de 224 pages, cartonné   » 75; relié pleine toile gaufrée......   1   »

Ecole de l'Eclaireur et Instruction pratique sur le service des armées en campagne et des troupes au combat (3e édition). — Volume in-32 de 156 pages, cartonné. . ...   » 75

Guide pratique des exercices de combat et de service en campagne (3e édition). — Volume in-32 de 156 pages avec 10 croquis, cart.   » 75

Instruction spéciale du 20 février 1902 pour le transport des troupes d'infanterie et du génie par les voies ferrées, avec de nombreuses annexes, tous les modèles et les planches hors texte (11e édit., à jour jusqu'en juin 1902). — Volume in-32 de 486 pages, cartonné..   1 25
Relié pleine toile gaufrée. 1 50

Règlement provisoire du 8 octobre 1902 sur les manœuvres de l'infanterie :
Tome Ier : Titre I. *Bases de l'instruction;* — Titre II. *Ecole du soldat;* — Titre III. *Ecole de section;* — Titre IV. *Ecole de compagnie.* — In-32 de 132 pages, cartonné....................................   » 75
Tome II : Titre V. *Ecole de bataillon.* — In-32 de 60 p., cart...   » 50
Tome III : Titre VI. *Ecole de régiment;* — Titre VII. *Du combat;* — *Instruction pour les revues et défilés.* — In-32 de 66 pages avec planches, cartonné. ....   » 75

Règlement sur l'instruction du tir des troupes d'infanterie, approuvé par le Ministre de la guerre le 18 novembre 1902. — Volume in-32 de 150 pages, cartonné   » 60; relié toile...................   » 80

Instruction du 8 février 1903 sur le matériel de tir et les champs de tir de l'infanterie. — Volume in-32 de 264 pages, avec 125 figures dans le texte, cartonnée   1   »; relié toile........................   1 25

Instruction ministérielle du 15 novembre 1892 sur les travaux de campagne à l'usage des troupes de l'infanterie, accompagnée de 107 figures et de nombreux tableaux (9e édition, revue et corrigée). — Volume in-32 de 172 pages, cartonné 1 » ; relié pleine toile gaufrée....... 1 25

Marche de l'instruction. — *Instruction théorique et pratique des élèves caporaux.* — *Ecoles régimentaires.* — *Manœuvres de garnison.* — *Manœuvres de nuit.* — *Chargement des sacs.* — *Instruction des dispensés candidats au grade de sous-lieutenant de réserve et des officiers de la réserve et de l'armée territoriale* (2e édition, revue, augmentée et mise à jour). — Vol. in-32 de 332 pages, cartonné..... » 75

EQUIPAGES RÉGIMENTAIRES ET D'ÉTAT-MAJOR. — *Aide-mémoire à l'usage des officiers d'infanterie et de cavalerie*, par L. Delhomme, capitaine d'artillerie, avec 25 planches, 136 figures, tableaux et tarifs. — Vol. in-12 de 296 pages, relié pleine toile gaufrée, avec élastique, tranches rouges .... 4 »

Aide-mémoire de l'officier d'infanterie en campagne, par le commandant breveté J. Molard (6e édition, août 1897). — Volume in-18 de 460 p , relié pleine toile gaufrée, avec figures et de nombreux tarifs et tableaux dont celui des fanions et brassards en couleurs........... 3 50

Agenda de mobilisation, Infanterie (2e édition). — Volume in-18 de 128 pages, relié toile .... 2 »

Manuel d'infanterie à l'usage des sous-officiers, caporaux et élèves caporaux, conforme aux programmes en vigueur et mis en concordance avec les derniers règlements parus, accompagné de 425 vignettes et de la planche en couleurs des fanions (169e édition). — Vol. in-12 de 900 pages, reliure pleine toile souple..................................... 2 50

Cavalerie.

Décret du 20 octobre 1892 portant règlement sur le service intérieur des troupes de cavalerie, avec nombreux tableaux et modèles. — Volume in-32 de 544 pages, cartonné 1 50 ; relié pleine toile gaufrée. 1 75

Instruction pratique du 1er août 1902 sur le service de la cavalerie en campagne. — Vol. in-32 de 308 pages, cartonné 1 » ; relié pleine toile gaufrée. 1 25

Instruction spéciale du 20 février 1902 pour le transport des troupes de cavalerie par les voies ferrées (Extrait du règlement pour les transports militaires), avec planches. — Volume in-32 de 146 pages, cartonné...... 1 »
Relié pleine toile gaufrée 1 25

Décret du 12 mai 1899 portant règlement sur les exercices et les manœuvres de la cavalerie.
TOME Ier. *Rapport. Titres I et II*, mis à jour avec le décret du 22 mai 1900. — Volume in-32 de 320 pages, avec 19 figures, cartonné. 1 50
Relié toile. . ... 2 »
TOME II. *Titre III. Appendice.* — Volume in-32 de 184 pages, avec 25 figures, cartonné 1 » ; relié toile.................... 1 50
TOME III. *Annexes.* — Volume in-32 de 144 pages, avec sonnerie et marches en musique, cartonné 1 » ; relié toile...................... 1 50

Agenda de mobilisation (cavalerie). — Volume in-18 de 160 pages, relié toile anglaise. 2 50

L'emploi du sabre. — Etude raisonnée du combat à l'arme blanche d'après les principes posés par le règlement sur les exercices de la cavalerie du 31 mai 1882. Ouvrage accompagné de 11 figures en photogravure, hors texte. — Volume in-32 de 48 pages, relié toile. » 75

Instruction pour le maniement et l'emploi de la carabine modèle 1890,
approuvée par le **Ministre de la guerre** le 15 juin 1893. — Brochure
in-32 de 52 pages, cartonnée... » 50

Instruction du 6 avril 1889 pour le maniement et l'emploi de la lance (5e
édition). — Fascicule in-32 de 16 pages............................... » 15

Description des accessoires de la lance modèle 1890 (22 août 1893). —
Fascicule in-8°, accompagné de croquis, *franco*.................... » 10

Règlement du 15 septembre 1894 sur l'instruction du *tir des troupes de
cavalerie.* Nombreux dessins intercalés dans le texte. — Volume in-32
de 192 pages, cartonné 1 » ; relié toile...................... 1 25

Instruction provisoire du 27 février 1891 sur la nomenclature, l'entre-
tien, l'encaissement, les réparations et la cartouche de la *carabine de
cavalerie modèle 1890 et de la carabine de cuirassier modèle 1890.*
Ouvrage accompagné de 79 figures dans le texte. (*5e annexe à l'instruction du 30 août 1884 sur les armes et munitions en service dans les
corps.*) — Volume in-32 de 88 pages, cartonné » 60; relié pleine
toile gaufrée. .... » 80

*Instruction sommaire du 26 mars 1887 sur la conduite des voitures en
guides* dans la cavalerie — Brochure in-32 de 44 pages............ » 25

Cours abrégé d'hippologie, à l'usage des sous-officiers, brigadiers et
élèves brigadiers des corps de troupe à cheval, rédigé par les soins de
la commission d'hygiène hippique, approuvé par le Ministre de la
guerre le 2 avril 1875. Nombreuses figures dans le texte (8e édition).
— Volume in-32 de 358 pages, cartonné 1 50; relié toile angl. 2 »

Artillerie et Train des équipages.

Décret du 20 octobre 1892, portant règlement sur le *service intérieur
des troupes de l'artillerie et du train des équipages militaires,* avec
tableaux et modèles (2e édition, suivie d'un appendice contenant la
note et l'instruction du 30 mars 1895 relatives à l'hygiène des troupes).
— Volume in-12 de 380 pages, cartonné 2 50; relié pleine toile
gaufrée. . . .. 3 ›

*Extraits des décrets sur le service des places, le service intérieur et le
service des armées en campagne,* à l'usage des troupes de l'artillerie
et du train des équipages militaires (5e édition, mise à jour). — Volume in-32 de 368 pages cartonné...................... 1 25

Instruction pratique provisoire du 24 décembre 1896 sur le service de
l'artillerie en campagne. — Volume in-12 de 100 pages, avec 7 figures
et une planche en couleurs, cart. » 75; relié pleine toile gaufr. 1 »

*Instruction provisoire sur les exercices d'application du service de l'ar-
tillerie en campagne,* approuvée par le Ministre de la guerre le 24 décembre 1896. — Brochure in-12 de 30 pages avec 3 figures, cart. » 30

*Instruction spéciale du 20 février 1902 pour le transport des troupes
d'artillerie de campagne et de montagne et du train des équipages par
chemins de fer.* — Volume in-12 de 160 pages, cartonné 1 » ; relié
toile. 1 25

*Instruction sur la tenue, le paquetage et le transport des effets et des
vivres dans les batteries de campagne et les sections de munitions de
75mm,* approuvée par le Ministre de la guerre le 21 août 1901. — Vol.
in-12 de 58 p., cartonné.. » 75

*Règlement du 22 avril 1890 sur l'instruction à cheval dans les corps de
troupe de l'artillerie* (applicable au train des équipages militaires
suivant décision ministérielle du 1er mai 1890) (4e édition). — Volume in-32 de 176 pages, cart. » 75; relié pleine toile gaufrée. 1 »

Règlement sur l'instruction à pied dans les corps de troupe de l'artillerie, approuvé par le Ministre de la guerre le 25 novembre 1885, modifié par les décisions des 24 octobre 1889, 11 novembre 1890, 8 février, 20 mai 1893 et suivi des feuilles rectificatives nº⁸ 4 et 5 (9ᵉ édition). — Vol. in-12 de 148 pages, cartonné » 75; relié pleine toile.   1 »

Instruction du 8 novembre 1888 sur la formation des pointeurs dans les corps de troupe de l'artillerie, avec 3 planches hors texte (2ᵉ tirage). — Volume in-32 de 128 pages, cartonné.................................... » 75

Instruction pour l'exécution du tir réduit avec les carabines modèles 1890 et le mousqueton modèle 1892. —Brochure in-32 de 36 pages avec 9 figures, couverture parcheminée........................... » 30

Instruction du 14 février 1887 sur les formations en bataille et en marche des sections de munitions et des sections de parc (2ᵉ édition). — Brochure in-32 de 30 pages avec 4 planches............................. » 30

Artillerie de campagne.

MINISTÈRE DE LA GUERRE. — *Règlement provisoire de manœuvre de l'artillerie en campagne*, approuvé par le Ministre de la guerre le 16 novembre 1901. Iʳᵉ Partie. — Volume in-12 de 324 pages avec gravures dans le texte, cartonné 2 »; relié toile................... 2 50
2ᵉ Partie. — Volume in-12 de 260 pages, nombreuses figures dans le texte, cartonné. 2 »; relié toile........................ 2 50

Règlement sur le service des canons de 80 et de 90, approuvé par le Ministre de la guerre le 27 mars 1901. — Volume in-12 cartonné 1 50; relié pleine toile gaufrée.. 2 »

Règlement sur le service des canons de 95, modèle 1888, montés sur affûts de campagne, approuvé par le Ministre de la guerre le 26 mars 1896. — Volume in-12 de 194 pages, avec 26 figures, cartonné... 1 50

Règlement sur le service des canons de 120 court, approuvé le 28 mai 1895. — Volume in-12 de 174 pages avec 16 figures, cartonné.. 1 50

Artillerie de montagne.

Règlement sur le service des batteries de montagne. TOME Iᵉʳ, approuvé le 22 janvier 1894 et modifié par décision du 25 octobre 1895 (3ᵉ édition). — Volume in-12 de 220 pages, avec 76 figures, cartonné. 1 50

Instruction ministérielle du 19 juin 1889 sur le service de guerre de l'artillerie de montagne (2ᵉ édition). — Vol. in-8º de 72 p., cart. » 60

Instruction sur le service et l'emploi de l'artillerie de montagne aux colonies. — Brochure in-32 de 80 pages................................... » 50

Instruction sur l'emploi des agrès dont doivent être pourvues les *batteries de 80 de montagne* appelées à manœuvrer en pays de montagne, approuvée le 9 juin 1894, avec 7 croquis. — Volume in-12 de 32 pages, cartonné . . . . » 75

Artillerie à pied.

Instruction générale du 4 février 1899 sur la guerre de siège — Volume in-12 de 96 pages, cartonné » 60; relié toile................ » 80

Règlement sur le service des bouches à feu, de siège et de place :
Iʳᵉ PARTIE. — *Service des bouches à feu*, approuvé le 6 avril 1889, avec 4 fig. (2ᵉ tirage). TITRES I, II, III et IV. — Volume in-12 de 180 pages, cartonné 1 50

Titre V. *Manœuvres de force et mouvement de matériel*, approuvé par le Ministre de la guerre le 23 mars 1890, modifié par décision ministérielle du 30 juin 1892. — Volume in-12 de 288 pages, avec 30 figures, cartonné. . . .. 2 »

2e Partie. — *Notions sommaires sur le matériel et les munitions*, approuvé par le Ministre de la guerre le 6 avril 1889, avec 64 figures dans le texte (*2° tirage*). — Volume in-12 de 200 pages, cart. 1 50

3e Partie. — *Renseignements spécialement destinés aux officiers et aux sous-officiers*, approuvé par le Ministre de la guerre le 4 juin 1892, modifié par décision ministérielle du 18 octobre 1895, avec 51 figures et de nombreux tableaux dans le texte. — Volume in-12 de 188 pages, cartonné. 1 50

Règlement sur le service des canons de 155 long sur affûts de tourelle et de casemate, approuvé par le Ministre de la guerre le 11 février 1892, avec 24 figures. Tome Ier. — Vol. in-12 de 98 pages, cart. » 75

Instruction provisoire du 24 janvier 1885 pour la préparation des troupes d'artillerie à l'exécution du *tir indirect·dans les places*, avec 8 croquis. — Volume in-32 de 64 pages, cartonné...................... » 60

Artillerie des côtes et de marine.

Règlement sur le service des bouches à feu de côtes :

1re Partie. — *Titres I, II, III et IV.* — *Service des bouches à feu*, approuvé par le Ministre de la guerre le 28 juillet 1894 et modifié par les feuilles rectificatives des 5 mars 1896 et 13 avril 1897 (2e édition). — In-12 de 176 pages, 19 figures, 1 50 ; relié pleine toile gaufr. 1 75

1re Partie. — *Titre V.* — *Manœuvres de force et mouvements de matériel*, approuvé par le Ministre de la guerre le 5 avril 1897. — In-12 de 284 pages, 41 fig., cartonné 2 50 ; relié pleine toile gaufrée. 3 »

2e Partie. — *Description du matériel.* — In-12 de 200 pages, avec figures, cartonné 2 » ; relié pleine toile gaufrée............. 2 50

3e Partie. — *Renseignements spécialement destinés aux officiers et aux sous-officiers. (En préparation.)*

Ministère de la marine. — *Règlement provisoire sur le service des bouches à feu de côte :* 1re Partie. *Service des bouches à feu.* — Vol. in-12 de 76 pages avec 22 figures, cartonné..................... 1 25

Instruction sur le service des canons-revolvers et des canons à tir rapide de 35mm et de 47mm. (2e édition, approuvée par décision ministérielle du 23 mars 1896, mise en service par circulaire du 4 mai 1896.) — Volume in-12 de 80 pages avec 6 croquis, relié pleine toile. 1 50

Manuels.

Manuel du sous-officier d'artillerie avec gravures en couleurs (6e édition). — Volume in-18 de 300 pages, relié pleine toile gaufrée. 2 »

Manuel de l'artificier dans l'artillerie de campagne. — Volume in-12, cartonné . . .. » 75

Manuel du pointeur dans l'artillerie de campagne, avec 6 croquis — Volume in-12 de 52 pages, cartonné............................. » 60

Manuel du servant dans l'artillerie de campagne. — Volume in-12, cartonné. . . .. » 75

Manuel du conducteur dans l'artillerie de campagne. — Volume in-12, cartonné. . . .. » 75

Instructions intérieures des jeunes soldats de l'artillerie (8e édition). — Vol. in-32 de 226 pages, avec 11 croquis, cartonné............... 1 25

Manuel du trompette dans l'artillerie de campagne, avec le cahier des sonneries réglementaires (2e édition). — Volume in-32 de 80 pages, cartonné. . . .. » 75

Manuel de l'ordonnance dans l'artillerie de campagne. — Volume in-12 de 76 pages, avec 9 figures, cartonné...................................... » 75

Devoirs du chef du groupe des échelons de combat d'un groupe de batteries montées. — Brochure in-32 de 24 pages....................... » 30

Règlement du 24 décembre 1877 sur le service et les manœuvres des pontonniers (nouvelle édition, contenant les modifications apportées à la composition des équipages de ponts, par les feuilles rectificatives n° 1 du 18 février 1891 et n° 2 du 15 février 1894). — Deux volumes in-32 de 216 et 304 pages, cartonnés.. 3 50

Cours d'électricité : Télégraphie électrique, télégraphie optique, téléphonie, éclairage électrique, mises de feu électriques, paratonnerres. — Volume in-18 de 150 pages, avec 128 figures......................... 3 50

Train des équipages.

Règlement du 25 décembre 1886 sur l'instruction à pied dans les escadrons du train des équipages militaires, modifié par les notes ministérielles des 29 novembre 1889 et 11 novembre 1890 (3e édition). — Volume in-32 de 200 pages, cartonné..................................... » 75

Règlement sur le service du train des équipages militaires.
1re Partie. — *Conduite des voitures.* Approuvée le 25 mars 1891 et modifiée par décision ministérielle du 22 juillet 1893 (2e édition). — Volume in-12 de 192 pages, cartonné.................................... 1 50
2e Partie. — *Conduite des mulets.* (Approuvée le 25 mars 1891.) — Volume in-12 de 72 pages, cartonné.. » 60

Instruction pratique provisoire du 28 janvier 1897 sur le service du train des équipages en campagne. — Volume in-12 de 100 pages, avec une planche en couleurs, cart. 1 » ; relié pleine toile gaufr. 1 25

Cours spécial à l'usage des sous-officiers du train des équipages militaires, approuvé par le Ministre de la guerre le 25 juin 1896. — Volume in-12 de 176 pages avec 60 figures, cartonné.................. 1 50

Carnet à l'usage des chefs de détachement (sous-lieutenant de réserve et sous-officiers) du train des équipages militaires, approuvé par le Ministre de la guerre le 13 avril 1896. — Volume in-18 de 138 pages, avec tableaux et modèles, cartonné.. 2 »

Loi du 26 juin 1888, relative au recrutement des sous-lieutenants de réserve de l'armée active, de l'armée territoriale et de sa réserve.

Le Sénat et la Chambre des députés ont adopté,

Le Président de la République promulgue la loi dont la teneur suit :

Art. 1ᵉʳ. Pourront être nommés au grade de sous-lieutenant dans le cadre des officiers de réserve, s'ils ont été proposés pour ce grade par leurs chefs directs :

1° Les sous-officiers appartenant par leur âge à la réserve de l'armée active qui satisferont à certaines conditions d'aptitude déterminées par le Ministre de la guerre ;

2° Les anciens engagés conditionnels d'un an appartenant par leur âge à la réserve de l'armée active qui satisferont à des examens déterminés par le Ministre de la guerre (1).

Art. 2. Pourront être nommés au grade de sous-lieutenant dans l'armée territoriale, s'ils ont été proposés pour ce grade par leurs chefs directs :

1° Les sous-officiers appartenant par leur âge à l'armée territoriale ou à sa réserve qui satisferont à certaines conditions d'aptitude déterminées par le Ministre de la guerre ;

2° Les anciens engagés conditionnels d'un an appartenant par leur âge à l'armée territoriale ou à sa réserve qui satisferont à des examens déterminés par le Ministre de la guerre (1).

Art. 3. Selon les besoins du service, le Ministre de la guerre est autorisé à affecter, en cas de mobilisation, au service de l'armée territoriale, les sous-lieutenants et les sous-officiers de la réserve de l'armée active. Ces officiers et sous-officiers n'en resteront pas moins soumis, en temps de paix, à toutes les obligations de leur classe.

Art. 4. Par mesure transitoire applicable jusqu'au 31 décembre 1888, et afin de compléter les cadres des sous-lieutenants de réserve à l'effectif réglementaire, le Ministre de la guerre est autorisé à admettre à concourir pour ce grade, à défaut de sous-officiers régulièrement proposés, les engagés conditionnels classés depuis un an au moins dans la disponibilité qui auraient obtenu les notes « très bien » et « bien » à leur départ du régiment.

---

(1) Les dispensés visés par les articles 21, 22 et 23 de la loi du 15 juillet 1889. (Règl. du 16 juin 1897, ci-après.)

L'admission au concours se fera, selon les besoins du service, par classe d'appel, en commençant par la classe la plus ancienne.

Art. 5. Sont abrogées les dispositions contraires à la présente loi contenues dans les articles 55 de la loi du 13 mars 1875 et 31 de la loi de 24 juillet 1873.

La présente loi, délibérée et adoptée par le Sénat et par la Chambre des députés, sera exécutée comme loi de l'Etat.

Fait à Paris, le 26 juin 1888.

Signé : CARNOT.

Par le Président de la République :

Le Ministre de la guerre,
Signé : C. DE FREYCINET.

RAPPORT DU 16 JUIN 1897

SUR

L'AVANCEMENT DES OFFICIERS DE RÉSERVE

ET DE L'ARMÉE TERRITORIALE

Monsieur le Président,

Le décret du 23 mars 1894 renferme certaines dispositions dont l'application a présenté des inconvénients ou donné lieu à des difficultés.

Ce décret exige des officiers de réserve et de l'armée territoriale l'accomplissement d'un nombre déterminé de périodes d'exercices, comme condition indispensable pour obtenir de l'avancement.

Il en résulte qu'il n'est pas possible de dispenser même les officiers méritants, qui ont fait preuve de caractère et d'aptitude, d'une partie des convocations normales qui leur sont imposées, sans nuire à leur avancement.

D'autre part, le nombre des lieutenants de réserve et de l'armée territoriale a été fixé à un chiffre invariable par les articles 4 et 15 du décret précité.

Cette disposition ne peut être que très difficilement appliquée dans la pratique, par suite des mutations incessantes qui se produisent dans le personnel des corps de troupes. Elle a en outre pour résultat d'enrayer l'avancement et, par suite, de décourager un certain nombre d'officiers de valeur.

Enfin le décret du 23 mars 1894 ne contient pas de dispositions permettant de nommer au grade de chef de bataillon, d'escadron ou de major de réserve un certain nombre d'officiers qui sont aptes à en remplir les fonctions et qu'il y aurait lieu, dans l'intérêt du service, de pourvoir de ce grade.

J'ai pensé qu'il convenait de remanier le décret du 23 mars

1894 en vue de donner satisfaction aux desiderata qui viennent d'être exposés.

Si vous approuvez ces propositions, j'ai l'honneur de vous prier de vouloir bien revêtir de votre signature le décret ci-joint.

Veuillez agréer, Monsieur le Président, l'hommage de mon respectueux dévouement.

Le Ministre de la guerre,
BILLOT.

APPROUVÉ :
Le Président de la République,
FÉLIX FAURE.

DÉCRET DU 16 JUIN 1897

SUR

L'AVANCEMENT DES OFFICIERS DE RÉSERVE

ET DE L'ARMÉE TERRITORIALE

Le Président de la République française,
Sur le rapport du Ministre de la guerre,
Décrète :

I. — Officiers de réserve.

Art. 1er. Les sous-lieutenants et lieutenants de réserve de toutes armes peuvent obtenir de l'avancement jusqu'au grade de capitaine inclusivement.

Art. 2. Les sous-lieutenants de réserve peuvent être promus au grade de lieutenant de réserve quand ils ont accompli quatre années dans le grade de sous-lieutenant.

Art. 3. Les lieutenants de réserve peuvent être promus au grade de capitaine de réserve lorsqu'ils ont accompli six années dans le grade de lieutenant.

Art. 4. Les capitaines de réserve, anciens capitaines de l'armée active, peuvent, après six années de grade de capitaine, être promus chefs de bataillon, chefs d'escadron ou majors de réserve, s'ils ont été proposés pour ce grade à leur départ de l'armée active.

Art. 5. En temps de guerre, ou lorsqu'ils sont employés hors d'Europe, l'Algérie et la Tunisie exceptées, les officiers de réserve peuvent obtenir de l'avancement dans les mêmes conditions d'ancienneté que les officiers de l'armée active, mais au titre de la réserve.

Toutefois, pour les officiers de réserve qui résident dans une possession française hors d'Europe, les droits à l'avancement prévus par le présent article sont ouverts seulement en cas de guerre ou lorsque ces officiers sont employés dans une colonie autre que celle dans laquelle ils résident. (Décret du 23 avril 1901, *B. O.* p. 627.)

II. — Officiers de l'armée territoriale.

Art. 6. Les sous-lieutenants de réserve et les sous-lieutenants de l'armée territoriale peuvent être promus lieutenants dans l'armée territoriale lorsqu'ils ont accompli quatre années dans le grade de sous-lieutenant.

Art. 7. Les lieutenants de réserve et les lieutenants de l'armée territoriale peuvent être nommés capitaines dans l'armée territoriale, après avoir accompli six années dans le grade de lieutenant.

Art. 8. Les capitaines de réserve et les capitaines de l'armée territoriale ne peuvent être nommés au grade de chef de bataillon ou d'escadron dans l'armée territoriale avant d'avoir accompli six années dans le grade de capitaine.

III. — Dispositions communes aux officiers de réserve et aux officiers de l'armée territoriale.

Art. 9. L'avancement a lieu sur toute l'arme; il est donné exclusivement au choix.

Art. 10. Les conditions d'ancienneté de grade exigées des officiers de réserve et de l'armée territoriale pour l'avancement ne sont pas applicables à ceux d'entre eux dont l'admission au grade d'officier ou l'avancement sont réglés par des décrets spéciaux.

Art. 11. L'ancienneté de grade des officiers de réserve ou de l'armée territoriale est déterminée par la date du décret qui les a nommés à leur grade, soit dans l'armée active, soit dans la réserve, soit dans l'armée territoriale, déduction faite des interruptions de services.

Art. 12. Le temps passé par les officiers de réserve ou de l'armée territoriale dans leurs foyers compte pour l'ancienneté de grade.

Le temps passé dans la position hors cadre et le temps de la suspension sont déduits de l'ancienneté.

Art. 13. Les officiers de réserve ou de l'armée territoriale sont inscrits aux tableaux d'avancement et peuvent en être rayés dans les mêmes formes que les officiers de l'armée active.

Art. 14. Le décret du 23 mars 1894 et les dispositions antérieures contraires à celles du présent décret sont et demeurent abrogés.

Art. 15. Le Ministre de la guerre est chargé de l'exécution du présent décret.

Fait à Paris, le 16 juin 1897.

FÉLIX FAURE.

Par le Président de la République :
Le Ministre de la guerre,
BILLOT.

RÈGLEMENT MINISTÉRIEL DU 16 JUIN 1897

SUR

LE RECRUTEMENT, LA RÉPARTITION, L'INSTRUCTION

L'ADMINISTRATION ET L'INSPECTION

DES OFFICIERS DE RÉSERVE ET DES OFFICIERS

DE L'ARMÉE TERRITORIALE

TITRE Ier.

ADMISSION AU GRADE DE SOUS-LIEUTENANT DANS LA RÉSERVE OU L'ARMÉE TERRITORIALE.

---

§ 1er. — *Dispositions générales.*

Art. 1er. Le cadre des sous-lieutenants de réserve se recrute parmi :

1º Les sous-lieutenants démissionnaires de l'armée active qui demandent à être pourvus d'un emploi de leur ancien grade dans la réserve et qui possèdent l'aptitude physique et les qualités morales nécessaires ;

2º Les élèves de l'Ecole polytechnique et les élèves de l'Ecole forestière, dans les conditions prévues par l'article 28 de la loi du 15 juillet 1889 ;

3º Les élèves de l'Ecole centrale des arts et manufactures, dans les conditions prévues par la loi du 11 novembre 1892 ;

4º Les agents des compagnies de chemin de fer, dans les conditions énoncées dans le règlement du 28 novembre 1891 ;

5º Les sous-officiers de l'armée active appelés par leur temps de service à passer dans la réserve ;

6º Les sous-officiers de réserve ;

7º Les anciens engagés conditionnels d'un an appartenant à la réserve.

Les candidats énumérés aux paragraphes 3º, 5º, 6º et 7º du présent article doivent satisfaire à des examens d'aptitude.

Art. 2. Le cadre des sous-lieutenants de l'armée territoriale se recrute parmi :

1º Les sous-lieutenants de réserve qui, après avoir atteint l'époque légale de leur passage dans l'armée territoriale, ne sont pas maintenus dans le cadre des officiers de réserve ;

2º Les sous-officiers de l'armée active ou de la réserve appelés par leur temps de service à passer dans l'armée territoriale, à moins qu'ils ne préfèrent concourir pour le grade de sous-lieutenant de réserve et être maintenus dans la réserve de l'armée active ;

3º Les sous-officiers de l'armée territoriale ;

4º Les anciens engagés conditionnels d'un an appartenant à l'armée territoriale.

Les candidats énumérés aux paragraphes 2º, 3º et 4º du présent article doivent satisfaire à des examens d'aptitude.

§ 2. — *Dispositions spéciales aux candidats ayant à satisfaire à des examens d'aptitude.*

Art. 3. En dehors des cas spécifiés par les lois du 15 juillet 1889 et du 11 novembre 1892, nul ne peut être nommé sous-lieutenant dans la réserve ou l'armée territoriale, s'il n'a accompli deux années de service dans le grade de sous-officier et s'il n'est pourvu du certificat d'aptitude à l'emploi de chef de section ou de peloton.

Toutefois le certificat d'aptitude n'est pas exigé des adjudants admis à une pension proportionnelle ou de retraite ou quittant, pour toute autre cause, le service actif, ainsi que des sous-officiers de réserve et de l'armée territoriale qui étaient inscrits au tableau d'avancement avant la publication du présent règlement et qui ont été nommés adjudants depuis cette époque sans être munis de ce certificat.

Art. 4. L'aptitude des candidats à l'emploi de chef de section ou de peloton dans la réserve ou l'armée territoriale est constatée, dans les corps de l'armée active, par une commission composée ainsi qu'il suit : le chef de corps, président ; le lieutenant-colonel ; 2 chefs de bataillon (dont le chef de bataillon de l'intéressé) ; le commandant de la compagnie de l'intéressé (dans les bataillons formant corps : le chef de corps ; l'adjudant-major, le commandant de la compagnie de l'intéressé)..

En Algérie, en Tunisie et aux colonies, il appartiendra aux chefs de détachement de constituer ou de faire constituer par le commandement local, les commissions d'examen en se rapprochant autant que possible, pour leur composition, des dispositions qui précèdent. Dans ce but il sera fait état des officiers des différents corps ou services disponibles sur place ou dans un rayon voisin.

Dans tous les cas, la commission devra comprendre un officier supérieur de l'arme à laquelle appartient le candidat. Toutefois il sera fait exception à cette dernière disposition pour les compagnies formant corps.

Si le commandant de l'unité (compagnie, escadron ou batterie) à laquelle appartient le candidat ne peut être appelé à faire partie de la commission, il devra adresser au président un rapport détaillé de nature à éclairer la commission sur la valeur du candidat présenté.

Les candidats appartenant aux petits dépôts de France seront examinés par la commission régimentaire la plus voisine, à laquelle on appellera l'officier commandant le petit dépôt.

L'examen porte exclusivement sur les matieres contenues dans le programme qui est annexé au présent règlement.

Art. 5. Le certificat d'aptitude est délivré par le chef de corps le commandant de l'Ecole ou le chef de service et soumis à l'aceptation et au visa du général de brigade ou du directeur du service ou du commandant supérieur des troupes aux colonies.

Dans les écoles relevant directement du Ministre et commandées par un officier supérieur, le certificat d'aptitude est soumis à l'acceptation et au visa du directeur de l'arme ou service au ministère de la guerre; dans les écoles commandées par un officier général, le certificat d'aptitude est délivré par cet officier général, sans autres formalités.

Art. 6. Les titulaires du certificat d'aptitude qui désirent concourir pour le grade de sous-lieutenant de réserve ou de l'armée territoriale et qui se trouvent dans leur deuxième année de grade de sous-officier, adressent leur demande, accompagnée d'un extrait de leur acte de naissance, au général commandant la subdivision de leur résidence.

Dans cette demande, ils font connaître la situation ou l'emploi qu'ils occupent dans la vie civile.

Le général commandant la subdivision, après s'être entouré des renseignements nécessaires, adresse cette demande, avec son avis motivé et en y joignant l'extrait de l'acte de naissance et un extrait du casier judiciaire (bulletin n° 2), au général commandant la région qui la fait parvenir au chef de corps ou de service intéressé.

L'extrait du casier judiciaire devant, aux termes de la loi du 5 août 1899 et d'une circulaire du ministère de la justice du 15 décembre suivant, être délivré à la requête de l'autorité militaire, les généraux commandant les subdivisions s'adrésseront pour l'obtenir :

1° Au procureur de la République de l'arrondissement dans lequel se trouve le lieu de naissance, si l'intéressé est né en France, en Algérie, en Tunisie ou dans un pays de protectorat ;

2° A M. le Ministre de la justice (direction des affaires criminelles et des grâces, Bureau de la statistique et du casier judiciaire), si le candidat est né aux colonies, à l'étranger ou en Alsace-Lorraine. (Arrêté du 16 juin 1903.)

Il y aura lieu d'indiquer, dans la demande, les nom et prénoms de l'intéressé, la date et le lieu de sa naissance, sa résidence actuelle et les noms et prénoms de ses père et mère.

Aux colonies, les sous-officiers dont il s'agit adressent leur demande au commandant supérieur des troupes qui la fait parvenir au chef de corps ou de service intéressé.

Art. 7. Le chef de corps ou de service établit pour chaque candidat, un mémoire de proposition du modèle A, annexé au présent règlement et transmet la proposition au général commandant le corps d'armée, ou, aux colonies, au commandant supérieur des troupes, qui statue.

Art. 8. Les propositions acceptées par le général commandant le corps d'armée sont adressées au Ministre, les 15 mai et 15 novembre de chaque année. Elles sont résumées par arme ou service et séparément pour la réserve ou l'armée territoriale, en une liste d'aptitude au grade de sous-lieutenant. La liste d'aptitude est établie par ordre d'ancienneté dans le grade de sous-officier. Les candidats ayant la même ancienneté y sont inscrits par ordre de préférence, en tenant compte des appréciations portées sur les mémoires de proposition.

Un extrait de la liste d'aptitude est transmis au chef de corps ou de service intéressé.

Par exception, dans les troupes coloniales, les propositions acceptées par le général commandant le corps d'armée des troupes coloniales sont adressées au Ministre au fur et à mesure des demandes faites par les sous-officiers.

Art. 9. Les nominations au grade de sous-lieutenant dans la réserve ou l'armée territoriale sont faites de manière à satisfaire aux conditions d'affectation énoncées aux articles 26 et 28 du présent règlement.

TITRE II.

NOMINATIONS A L'EMPLOI DE CHEF DE SECTION OU DE PELOTON
DANS LA RÉSERVE OU L'ARMÉE TERRITORIALE.

§ 1er. — *Emplois qui peuvent être tenus par les adjudants.*

Art. 10. Les sous-officiers pourvus du certificat d'aptitude
peuvent, s'ils ne sont pas appelés à concourir pour le grade
de sous-lieutenant, être nommés adjudants de réserve ou de
l'armée territoriale, afin d'être employés comme chefs de
section ou de peloton, à défaut d'officiers de réserve ou de
l'armée territoriale.

Art. 11. A cet effet, dans chaque corps ou service, il est
établi. dans les formes indiquées pour les listes d'aptitude à
l'article 8 qui précède, un tableau d'avancement au grade
d'adjudant de réserve ou de l'armée territoriale.

Ce tableau d'avancement est approuvé et arrêté chaque année, aux dates des 15 mai et 15 novembre, par le général de
brigade ou le directeur du service.

Chaque candidat est l'objet d'un mémoire de proposition
modèle B.

Art. 12. Le chef de corps ou de service actif nomme, dans
l'ordre du tableau, adjudants de réserve ou de l'armée territoriale, un nombre de candidats suffisant pour pourvoir aux
emplois de chef de peloton ou de section devenus vacants
dans les corps ou services dont il a à assurer la mobilisation.
Ces nominations ne sont faites qu'à la suite des périodes
d'exercices ; elles peuvent être l'objet de dispositions spéciales suivant les armes ou services.

§ 2. — *Règles à suivre en cas de mobilisation.*

Art. 13. Les emplois de chef de section ou de peloton vacants
au moment de la mobilisation sont donnés :

1° Aux sous-officiers de réserve inscrits sur la liste d'aptitude au grade de sous-lieutenant de réserve L'état nominatif
de ces sous-officiers est transmis au Ministre, qui les nomme
au grade de sous-lieutenant de réserve, pour prendre rang à
dater du premier jour de la mobilisation ;

2° A défaut de candidats ci-dessus en nombre suffisant :

Dans les armes autres que l'infanterie :

Aux sous-officiers de réserve inscrits au tableau d'avancement pour le grade d'adjudant de réserve ; ces sous-officiers sont immédiatement nommés à ce grade.

Dans l'infanterie :

a) Pour un tiers des emplois restant à pourvoir, à des sous-officiers de l'armée active convenablement choisis et désignés à l'avance par le chef de corps ; ces sous-officiers sont immédiatement nommés adjudants ;

b) Pour les deux autres tiers des emplois vacants, aux sous-officiers de réserve inscrits au tableau d'avancement pour le grade d'adjudant de réserve ; ces sous-officiers sont immédiatement nommés à ce grade.

Art. 14. En cas de mobilisation, la totalité des vacances d'emploi de chef de section ou de peloton dans l'armée territoriale est donnée aux sous-officiers de l'armée territoriale dans les conditions et l'ordre prévus aux § 1° et à l'alinéa *b* du § 2° de l'article 13 qui précède.

§ 3. — *Convocations en temps de paix.*

Art. 15. Pendant les convocations du temps de paix, les candidats inscrits sur les listes d'aptitude au grade de sous-lieutenant ou sur le tableau d'avancement au grade d'adjudant sont employés dans la réserve ou l'armée territoriale à remplir l'emploi de chef de section ou de peloton, en l'absence des titulaires.

TITRE III.

CONDITIONS D'ADMISSION DES CANDIDATS AU GRADE DE SOUS-LIEUTENANT OU A L'EMPLOI D'ADJUDANT DÁNS LA RÉSERVE OU L'ARMÉE TERRITORIALE.

§ 1ᵉʳ. — *Sous-officiers se trouvant dans leur dernière année de service actif.*

Art. 16. Tous les ans, au 1ᵉʳ mars, le chef de corps ou de service fait établir l'état nominatif des sous-officiers libérables entre cette date et le 1ᵉʳ mars de l'année suivante.

Chacun de ces sous-officiers est l'objet d'un rapport spécial faisant connaître sa conduite habituelle, sa manière de servir et ses aptitudes à l'emploi de chef de section ou de peloton dans la réserve ou l'armée territoriale.

Les candidats, dans le mois qui précède leur libération, sont présentés à la commission prévue à l'article 4 ci-dessus et admis à passer l'examen d'aptitude à l'emploi de chef de section ou de peloton.

Art. 17. Les sous-officiers de l'armée active pourvus du certificat d'aptitude à l'emploi de chef de section ou de peloton restent affectés à leur corps d'origine ou au corps correspondant de la réserve ou de l'armée territoriale, lorsqu'ils se retirent dans la région de corps d'armée où ce corps est stationné ou dans le gouvernement militaire de Paris. Dans le cas contraire, ils sont, suivant la règle générale, affectés au corps dans la circonscription duquel ils sont domiciliés. En Algérie, ces sous-officiers sont maintenus à leur corps d'origine lorsqu'ils se retirent dans la circonscription de la division territoriale où ce corps est stationné ou bien au corps le plus rapproché de leur domicile s'ils appartiennent aux troupes coloniales.

Les sous-officiers de cavalerie désignés pour l'artillerie, le train des équipages militaires ou le génie, sont affectés aux corps de troupes de ces armes dans la circonscription desquels ils établissent leur domicile, conformément aux instructions données à cet effet par les généraux commandant les régions.

Ceux de ces sous-officiers qui, après leur passage dans l'une des armes énumérées ci-dessus, auront obtenu le certificat d'aptitude à l'emploi de chef de peloton dans les conditions indiquées à l'article 25, seront réaffectés à l'arme de la cavalerie.

Art. 18. L'état nominatif des sous-officiers qui ont obtenu au moment de leur renvoi dans leurs foyers le certificat d'aptitude à l'emploi de chef de section ou de peloton est adressé aux commandants des bureaux de recrutement intéressés, avec l'indication, s'il y a lieu, de l'affectation que chacun d'eux doit recevoir aux termes de l'article 17 qui précède.

§ 2. — *Hommes incorporés pour un an.*

Art. 19. Tous les dispensés de l'article 23 et ceux des dispensés des articles 21 et 22 de la loi du 15 juillet 1889, qui possèdent une instruction générale permettant de les considérer comme susceptibles d'être compris ultérieurement dans la catégorie des officiers de réserve, sont incorporés dans les régiments d'infanterie subdivisionnaires ou régionaux et les bataillons de chasseurs qui se recrutent dans la subdivision de leur domicile, sauf les exceptions indiquées ci-après :

1º Les dispensés en résidence en Algérie et en Tunisie sont affectés aux régiments de zouaves ;

2° Les dispensés domiciliés dans les gouvernements militaires de Paris ou de Lyon sont incorporés dans les régiments subdivisionnaires des corps d'armée entre lesquels sont répartis, au point de vue du recrutement, les contingents des départements de la Seine, de Seine-et-Oise ou du Rhône ;

3° Les dispensés étudiants en médecine sont répartis entre les régiments subdivisionnaires ou régionaux, les bataillons de chasseurs à pied et les régiments d'artillerie et du génie de la région ;

4° Les dispensés étudiants vétérinaires sont affectés aux régiments d'artillerie et aux escadrons du train des équipages militaires de la région de leur domicile ;

5° Les dispensés de l'article 23, élèves de l'Institut national agronomique, des écoles nationales d'agriculture, de l'école des hautes études commerciales et des écoles supérieures de commerce reconnues par l'Etat, sont, dans la limite du nombre fixé chaque année par le Ministre, affectés aux sections de commis et ouvriers militaires d'administration.

Art. 20. Les dispensés de l'article 23 et, parmi les hommes incorporés pour un an, ceux qui remplissent les conditions d'instruction nécessaires sont désignés comme élèves caporaux.

Au 1er mars, le chef de corps ou de service fait établir l'état nominatif de ceux qui paraissent susceptibles de concourir ultérieurement pour l'emploi de chef de section ou de peloton dans la réserve.

Ces candidats sont examinés par la commission prévue à l'article 4 ci-dessus et présentés, s'il y a lieu, par le chef de corps ou de service, au général de brigade ou au directeur du service pour être inscrits au tableau d'avancement. Ils peuvent être nommés caporaux ou brigadiers quand ils ont accompli six mois de service, dans la limite des vacances disponibles.

Art. 21. Tous les candidats ainsi acceptés peuvent concourir pour le certificat d'aptitude au grade de sous-officier dans la réserve.

Ils forment, à partir du 1er avril, un peloton spécial dont l'instruction, confiée à un officier de choix, est dirigée dans un sens essentiellement pratique.

Les candidats de la même région peuvent être réunis dans un ou plusieurs corps désignés par le commandant du corps d'armée, s'il juge cette solution plus favorable à l'instruction spéciale qu'ils doivent recevoir.

Art. 22. Dans la première quinzaine d'août, les candidats subissent devant la commission prévue à l'article 4 ci-dessus, un examen ayant pour but de constater leur instruction militaire.

A la suite de cet examen, le peloton spécial est dissous. Les candidats rejoignent leurs corps, s'il y a lieu, et rentrent dans les unités auxquelles ils appartiennent pour y prendre part aux manœuvres d'automne.

Le certificat d'aptitude au grade de sous-officier dans la réserve n'est délivré, par les chefs de corps ou de service, qu'aux candidats ayant fait preuve, pendant les manœuvres, d'intelligence, de zèle et de caractère.

Dans les corps ou services qui ne prennent pas part aux manœuvres d'automne, les candidats sont soumis, dans leurs garnisons, à des épreuves équivalentes ayant pour but de déterminer leur aptitude réelle à exercer un commandement.

Art. 23. Le certificat d'aptitude au grade de sous-officier de réserve est soumis à l'acceptation et au visa du général de brigade ou du directeur du service.

Les titulaires de ce certificat d'aptitude sont, au moment de leur renvoi dans leurs foyers, nommés caporaux ou brigadiers, s'ils ne le sont déjà, et inscrits au tableau d'avancement au grade de sous-officier dans la réserve. Ils peuvent être nommés à ce grade dès qu'ils ont accompli six mois de service dans le grade de caporal ou brigadier, et des nominations peuvent être faites en surnombre des besoins pour ceux d'entre eux qui paraissent réellement susceptibles à tous égards d'être promus ultérieurement au grade d'officier de réserve.

Ces dispositions sont applicables aux dispensés des articles 21 et 22 et aux hommes incorporés pour un an à tout autre titre, s'ils consentent à accomplir une période d'exercices de quatre semaines dans leur troisième année de service (article 24).

Ils restent affectés à leur corps ou service d'origine.

Art. 24. Les dispensés de l'article 23 de la loi du recrutement, nommés sous-officiers de réserve, dans les conditions des articles précédents, concourent pour l'obtention du certificat d'aptitude à l'emploi de chef de section ou de peloton dans la réserve, lorsqu'ils sont appelés à accomplir la période d'exercice à laquelle ils sont astreints, aux termes de la loi, dans leur troisième année de service.

Les dispensés des articles 21 et 22 de la loi du 15 juillet 1889 et les hommes incorporés pour un an, à tout autre titre, ne peuvent être nommés officiers de réserve que s'ils consentent à accomplir une période d'exercices de quatre semaines, dans les mêmes conditions que les dispensés (art. 23) de la classe avec laquelle ils ont été incorporés.

§ 2. — *Sous-officiers de la réserve et de l'armée territoriale.*

Art. 25. Les sous-officiers de la réserve et de l'armée territoriale non pourvus du certificat d'aptitude à l'emploi de chef de section ou de peloton peuvent l'obtenir, au moment des périodes de convocation, s'ils justifient devant la commission prévue à l'article 4 ci-dessus, des connaissances et des qualités nécessaires à l'emploi de chef de section ou de peloton. Ils sont, s'il y a lieu, proposés pour adjudant ou sous-lieutenant de réserve ou de l'armée territoriale.

Les sous-officiers désaffectés de la cavalerie et versés dans une autre arme, par application de l'instruction du 25 juin 1897, qui demandent à concourir pour le grade de sous-lieutenant de réserve de cavalerie, peuvent être autorisés exceptionnellement à accomplir dans cette arme une période d'exercices supplémentaire de quatre semaines à titre de stage volontaire, en vue d'obtenir le certificat d'aptitude à l'emploi de chef de peloton.

Ceux de ces sous-officiers qui recevront ledit certificat seront réaffectés d'office à la cavalerie et la période supplémentaire précitée leur sera comptée comme période réglementaire, sans les exempter toutefois des périodes auxquelles ils pourront être astreints après leur nomination au grade de sous-lieutenant de réserve ou de l'armée territoriale (art. 32 ci-après).

Ceux n'ayant pas obtenu le certificat d'aptitude auront à accomplir, dans l'arme à laquelle ils sont affectés, les périodes normales imposées par la loi, sans déduction de la période supplémentaire faite dans la cavalerie

ANNEXE.

Programme (1) des connaissances exigées des candidats aux différents grades dans la réserve et l'armée territoriale.

I. — Examen théorique.

a) Règlements.

Devoirs et fonctions des officiers (2) dans les manœuvres, le service intérieur, le service des places, le service en campagne, le transport des troupes par voies ferrées, le remplacement des munitions sur le champ de bataille.

b) Instruction technique de l'arme.

Approvisionnements en munitions, emploi des feux et réglage du tir.
Travaux de campagne.
Notions sommaires de fortification permanente, pour les troupes de forteresse seulement.
Hygiène des hommes et des chevaux.
Soins à donner à l'habillement, l'équipement, la chaussure, le harnachement et l'armement.

c) Administration.

Administration d'une compagnie, d'un escadron ou d'une batterie en temps de paix et en campagne.

d) Législation.

Dispositions principales de la loi du recrutement, de la loi des cadres et de la loi sur les réquisitions militaires.
Position et avancement des officiers de réserve et de l'armée territoriale.
Devoirs des hommes de la réserve et de l'armée territoriale dans leurs foyers et au moment de la mobilisation.

---

(1) Voir en tête de la présente brochure l'index des ouvrages à consulter pour la préparation des examens. La librairie militaire Henri Charles-Lavauzelle possède tous les ouvrages nécessaires à cette préparation.
(2) Du grade pour l'obtention duquel concourt le candidat.

II. — EXAMEN PRATIQUE.

Application, sur le terrain, des connaissances théoriques en ce qui concerne les manœuvres, le tir et le service en campagne.

Lecture et emploi de la carte sur le terrain. Croquis sommaire à fournir à l'appui d'une reconnaissance.

Equitation. — Les candidats aux grades de sous-lieutenant et de lieutenant dans l'infanterie ou le génie sont dispensés de cette partie de l'examen.

Paris et Limoges. — Imprimerie militaire Henri CHARLES-LAVAUZELLE.